Was ist das? Sehen & lernen!

Tiere des Meeres

Idee:
Christophe Hublet

Text:
Stéphanie Redoulès
Émilie Beaumont

Illustrationen:
Christel Desmoinaux

Übersetzung aus dem Französischen:
Claudia Jost

tandem.VERLAG
print line

Muscheln und Schnecken

Bei Ebbe kann man am Strand und auf den Felsen zahlreiche Muscheln und Schnecken finden. Sie sind Weichtiere, die von einer harten Schale geschützt werden. Sobald das Wasser wieder steigt, suchen sie sich einen neuen Platz – jedes auf seine Weise!

Bei diesen kleinen Spitzhüten handelt es sich um Napfschnecken. Sie trotzen den Wellen und dem Meer, indem sie sich mit ihrem Saugfuß am Felsen festhalten.

Die Miesmuscheln halten sich mit Haftfäden an den Felsen fest.

Venus- und Herzmuscheln graben sich in den Sand ein. Sie filtern das Wasser durch kleine Röhren.

Die Messermuschel ist ganz flach und versteckt sich im Sand. Nur zwei kleine Löcher zeigen, wo sie ist.

Die Miesmuscheln vom Fischhändler werden auf Holzpfählen gezüchtet. Dafür werden Schnüre mit den jungen Muschellarven um die Pfähle gewickelt.

Bei der Austernzucht werden die Austern mehrere Jahre lang in Becken oder in Säcken gezüchtet. Bei Ebbe sind die Austern im Trockenen, bei Flut werden sie vom Wasser umspült.

Wenn die Jakobsmuschel sich fortbewegen will, öffnet und schließt sie ganz schnell ihre Schale und schnellt davon!

Die Jakobsmuschel hat ganz viele Augen.

Es sieht aus, als ob die Turmschnecke einen Feenhut tragen würde! Mit ihrem Haus schraubt sie sich in den Sand hinein.

Krebstiere

Krebstiere, wie z. B. die Garnele, legen Eier.

Der Körper dieser Tiere ist mit einer Art gegliedertem Panzer überzogen, den sie von Zeit zu Zeit abwerfen müssen, wenn sie wieder ein Stück gewachsen sind.

Die Geisterkrabbe kann nicht nur unheimlich schnell laufen, sondern gräbt sich bei Gefahr auch noch in Windeseile in den Sand ein.

Normalerweise sind Langusten Einzelgänger, aber manchmal bilden sie zu Dutzenden eine lange Schlange und laufen Hunderte von Kilometern hintereinander her!

Der Einsiedlerkrebs hat keinen eigenen Panzer. Deshalb sucht er zu seinem Schutz Unterschlupf in einem verlassenen Schneckenhaus.

Mit seinen Scheren kann der Hummer sich verteidigen, etwas zerkleinern oder seine Beute zerreißen. Die Männchen tragen untereinander wilde Kämpfe aus.

Fische

Es gibt Tausende von Fischarten. Diese Tiere sind perfekt an das Leben im Wasser angepasst. Sie kommen in allen Meeren in ganz unterschiedlichen Tiefen vor. Es gibt sie in allen Größen, von ganz klein bis riesig groß.

Mit den **Kiemen** filtern die Fische den Sauerstoff aus dem Wasser: Sie müssen deshalb nicht zum Atmen an die Oberfläche.

Die **Schuppen** bedecken den ganzen Körper der Fische. Sie schützen sie und helfen ihnen dabei, durch das Wasser zu gleiten.

Mit den **Flossen** können die Fische steuern, sich antreiben, das Gleichgewicht halten, bremsen …

Ihre **Augen** sind an das Leben im Wasser angepasst. Sie sind immer geöffnet, weil Fische keine Augenlider haben.

Die **Gräten** bilden das Skelett der meisten Fische.

Einige Fischarten, wie z. B. der Lachs und der Aal, wandern im Laufe ihres Lebens vom Süßwasser ins Salzwasser und umgekehrt.

Die meisten Fische legen Eier. Sobald das Weibchen sie abgelegt hat, werden sie vom Männchen befruchtet. In ihnen entwickeln sich kleine Fische.

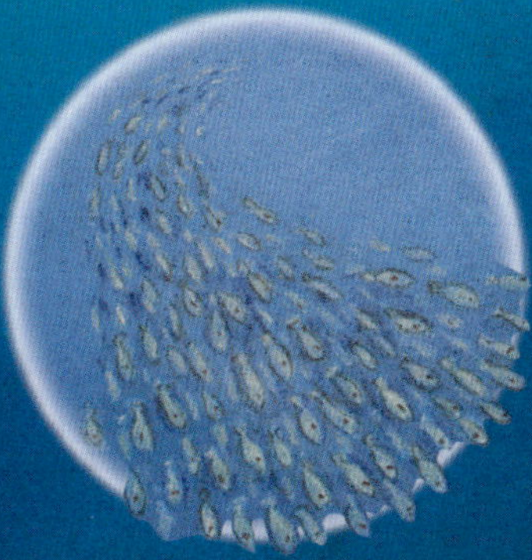

Zum Schutz vor ihren Fressfeinden (in der Regel andere Fische) schwimmen die Sardinen dicht aneinander gedrängt in großen Schwärmen.

In wärmeren Meeren leben zwischen den Korallen bunte Fischarten, wie z. B. der Clownfisch (1) oder der Schmetterlingsfisch (2).

Seltsame Fische

Manche Fische sind wirklich sonderbare Wesen! Oft aber haben gerade ihre Form und ihre erstaunlichen Farben ihnen dabei geholfen, sich an das Leben im Meer anzupassen und Tricks anzuwenden, um besser überleben zu können.

Der **Mondfisch** zählt zu den schwersten Fischen: Er kann das Gewicht eines Kleinwagens (1000 kg) erreichen.

Der **Riesenmanta** ist trotz seiner imposanten Größe sehr anmutig. Wenn er schwimmt, hat man den Eindruck, er schwebt.

Der **Krötenfisch** ist wirklich nicht schön, aber er kann sich sehr gut tarnen.

Die **Seezungen** sind ganz flach. Zum Schutz vor ihren Feinden graben sie sich im Sand ein.

Bei Gefahr bläht sich der Igelfisch wie ein Ballon auf und spreizt die Stacheln ab. Eine wirklich beeindruckende Technik!

Das Seepferdchen hält sich mit seinem Schwanz an den Algen fest. Das Weibchen legt die Eier im Bauchbeutel des Männchens ab, wo dann die Jungen schlüpfen.

Fliegende Fische können schwimmen und ... fliegen! Sie springen aus dem Wasser und fliegen für einen kurzen Moment. Dabei helfen ihnen ihre breiten Flossen, die wie Flügel aussehen.

In der Tiefsee ist es sehr dunkel. Dort leben einige merkwürdige Fische. Einer lockt seine Beute mit einem Licht an, andere haben ein riesiges Maul ...

Delfine

Delfine sind keine Fische: Sie gehören, wie die Wale, zu den Meeressäugern. Die Weibchen bringen ihre Jungen lebend zur Welt und säugen sie.

Dank ihres fröhlichen Gesichtsausdrucks, ihrer Intelligenz und ihrer Freude am Spielen und Springen im Wasser sind Delfine sehr beliebt.

Mit seinem langgezogenen Körper, der glatten Haut und dem kräftigen Schwanz ist der Delfin ein hervorragender Schwimmer, der bis zu 60 km/h schnell ist!

Der Delfin hat keine Kiemen wie die Fische, sondern Lungen. Zum Atmen muss er an die Wasseroberfläche kommen.

In der Paarungszeit schmiegen sich das Männchen und das Weibchen gerne aneinander und schwimmen über lange Strecken nebeneinander.

Das Delfinbaby kann sofort nach der Geburt schwimmen, sucht aber immer die Nähe seiner Mutter. Vier bis sechs Jahre lang bleiben sie beieinander.

Mit ihren Klick- und Pfeiflauten können die Delfine sich untereinander verständigen, um vor einer Gefahr zu warnen, zu Jagen oder nach einem Jungtier zu suchen.

Delfine schwimmen gerne in großen Gruppen, auch Schulen genannt. Sie springen dabei über das Wasser. Bei der Aufzucht der Jungen helfen sie sich untereinander.

Wale

Auf dem Meer kann man die Wale oft schon von Weitem an ihrem Blas erkennen. Wenn sie zum Ausatmen an die Oberfläche kommen, erinnert der Blas an einen Geysir!

Die Sprünge des Buckelwals sind beeindruckend!

Beim Abtauchen und zur Verständigung mit seinen Artgenossen streckt der Wal seine riesige Fluke in die Höhe.

Der Blauwal schlägt alle Rekorde: Er ist schwerer als 30 Elefanten und länger als drei Autobusse.

Man unterscheidet zwischen Barten- und Zahnwalen. Barten sind herabhängende Hornplatten, mit denen der Wal Kleinkrebse, den Krill, aus dem Wasser filtert.

Wale unternehmen ausdauernde Wanderungen zur Fortpflanzung und Nahrungssuche. Einige ziehen Zehntausende von Kilometern durch die Ozeane.

Unter den Riesenwalen beeindruckt vor allem der Pottwal mit seinem riesigen Kopf. Anders als die Bartenwale hat er Zähne und frisst vor allem Kraken, die er in der Tiefsee jagt.

Haie

Das Gebiss einiger Arten ist zwar angsteinflößend, aber nicht alle Haie sind gefährlich. Der größte unter ihnen, der Walhai, ist völlig harmlos. Haie werden gejagt, weshalb viele von ihnen vom Aussterben bedroht sind.

Es gibt ungefähr 500 Haiarten. Hier ein paar Beispiele:

Der **Pygmäenhai** ist der kleinste Hai, er wird nicht größer als ein Baguette.

Die Augen des **Hammerhais** sitzen am Ende des lang gezogenen Kopfs. Das sieht zwar seltsam aus, ist aber für die Jagd nützlich!

Der **Sägehai** verletzt seine Beute in den Fischschwärmen durch harte Hiebe mit seinem Maul. Anschließend braucht er sie nur noch zu fressen!

Der **Blauhai** sieht prächtig aus. Mit seiner lang gezogenen Form, seiner Schnelligkeit und seinem mächtigen Gebiss entwischt ihm keine Beute.

Der **Riesenhai** öffnet sein breites Maul, um besser das winzig kleine Plankton schlucken zu können, von dem er sich ernährt.

Der große Weiße Hai ist ein Fleischfresser. Er jagt vor allem Delfine und Robben. Er zählt zu den gefährlichsten Haien!

Je nach Art werden die Jungen entweder im Bauch des Weibchens ausgetragen oder als Eier abgelegt, geschützt in einem Eiersack zwischen den Algen.

Das Gebiss einiger Haiarten ist furchterregend. Ihre Zähne sind in mehreren Reihen angeordnet und scharf wie Dolche. Fällt ein Zahn aus, wächst wieder einer nach.

Der Walhai ist der größte Fisch. Er kann bis zu 20 m lang werden. Aber er reißt sein riesiges Maul nur auf, um sich von winzig kleinen Tierchen, Sardinen und Krustentieren zu ernähren.

Tintenfische und Quallen

Diese Tiere mit den Tentakeln haben nicht den besten Ruf. Am besten geht man ihnen aus dem Weg. Tintenfische sind allerdings sehr intelligent und die Quallen gehören zu den ersten Lebewesen, die es auf der Erde gab.

Quallen lassen sich von den Meeresströmen treiben. Manchmal öffnen (1) und schließen (2) sie aber auch ihren Schirm, um sich fortzubewegen.

Der Tintenfisch setzt seine acht Arme mit den Saugnäpfen sehr geschickt ein. Er fängt damit Krustentiere oder Fische, öffnet Muscheln und beweg sich mit ihnen fort.

Fühlt der Tintenfisch sich bedroht, stößt er einen Schwall Tinte aus, hinter dem er sich versteckt, um besser vor seinem Gegner fliehen zu können.

Das Weibchen legt Tausende von Eiern, die es in seinem Versteck aufhängt. Ein bis drei Monate lang frisst es nichts und bewacht die Eier, bis die Jungen schlüpfen.

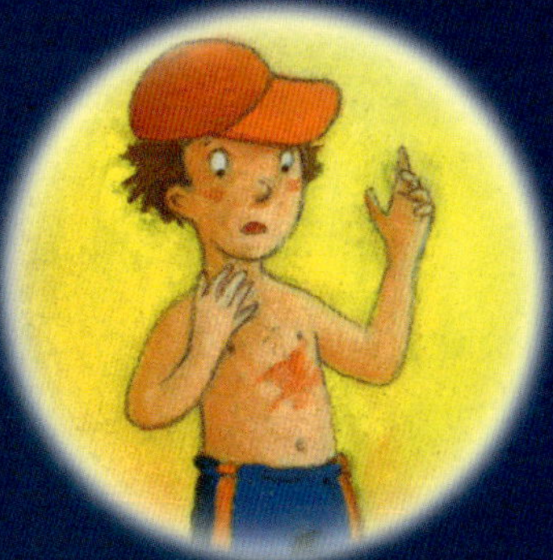

Die Stiche der Qualle sind sehr schmerzhaft. Das Gift fühlt sich an wie ein Stromstoß oder hinterlässt sehr schmerzhafte Verbrennungen.

Es gibt viele Quallenarten. Die kleinsten von ihnen sind gerade mal ein paar Millimeter groß; die größten können bis zu zwei Meter lang werden!

In den Eismeeren

In der Nähe der Pole, inmitten einer Eislandschaft, wo die Meere eiskalt sind, leben zahlreiche Tiere, die sehr gut an die extrem niedrigen Temperaturen angepasst sind.

Der Eisbär lebt am Nordpol.
Er ist ein guter Schwimmer und Jäger.

Die Robben und Seelöwen haben eine dicke Fettschicht, die sie sehr gut gegen die Kälte schützt.

Wenn seine Mutter auf die Jagd geht, wartet das Robbenjunge auf sie, denn es wird noch gesäugt und hat immer Hunger! In einigen Wochen wird es selber auf die Jagd gehen.

Robben ernähren sich von Fischen, Tintenfischen und Krustentieren.

Die Seeelefanten gehören zur Familie der Robben. Sie wiegen mehrere Tonnen. Nur die Männchen haben diese witzige Nasenform.

Walrösser leben in Herden. Ihre langen Stoßzähne sind manchmal hinderlich. Sie sind aber hilfreich, um sich auf das Eis zu ziehen oder sich zu verteidigen.

Die Fische der Eismeere sind optimal an das Leben angepasst. Ihr Körper enthält eine Art Frostschutzmittel, mit dem sie auch bei Temperaturen von -2 °C nicht erstarren.

Pinguine sind wirklich witzige Vögel! Sie können nicht fliegen, sind aber hervorragende Schwimmer. Sie nehmen Anlauf und springen dann ist Wasser.